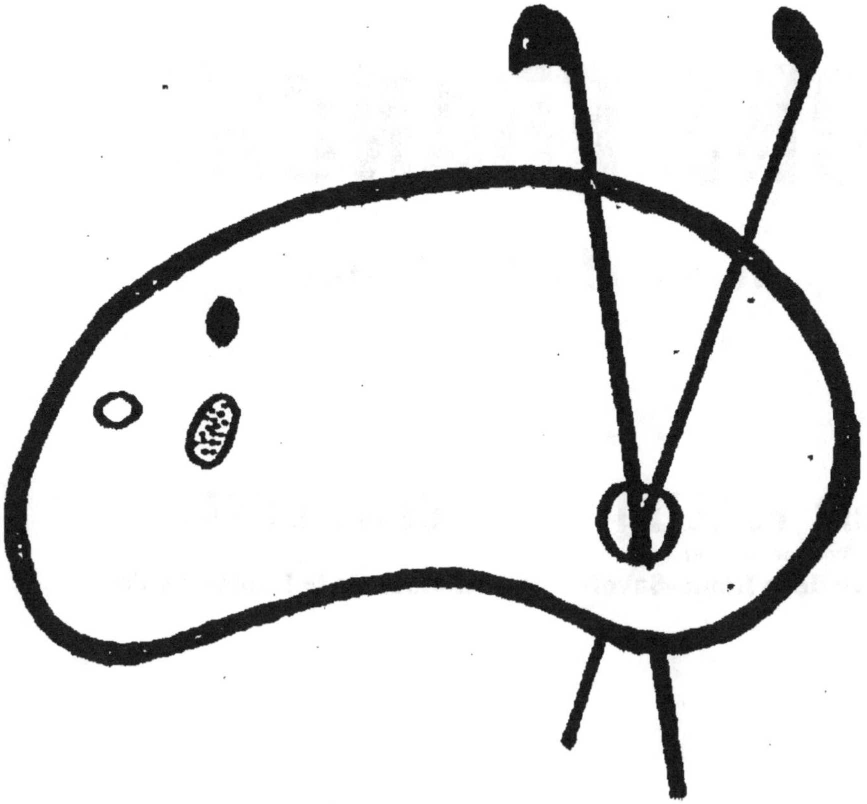

DEBUT D'UNE SERIE DE DOCUMENTS
EN COULEUR

LA VÉRITÉ

SUR LA

ZONE FRANCHE

de la Haute-Savoie

PAR

André FOLLIET & **César DUVAL**

Docteur en Droit
Sénateur de la Haute-Savoie

Sénateur de la Haute-Savoie

PRIX : 50 CENTIMES

THONON-LES-BAINS

RAFFIN & Cie, ÉDITEURS-IMPRIMEURS

1902

LA VÉRITÉ

SUR LA

ZONE FRANCHE

de la Haute-Savoie

PAR

André FOLLIET & **César DUVAL**

Docteur en Droit
Sénateur de la Haute-Savoie

Sénateur de la Haute-Savoie

PRIX : 50 CENTIMES

THONON-LES-BAINS
RAFFIN & Cie, ÉDITEURS-IMPRIMEURS
1902

LA VÉRITÉ

SUR LA

ZONE FRANCHE

de la Haute-Savoie

Une campagne de presse dirigée contre la Zone franche, et qui a trouvé à Annecy de trop nombreux adhérents, aggrave chaque jour l'antagonisme profondément regrettable que certaines personnes s'efforcent, depuis trois ans, de faire surgir entre l'arrondissement d'Annecy et les trois autres arrondissements de la Haute-Savoie. Sous l'influence de préjugés et de notions inexactes, il s'est créé un état d'esprit *annécien*, dont la minorité de la Chambre de commerce offre le spécimen le plus caractéristique. Sans tenir aucun compte des réalités historiques et économiques, on attaque les arrondissements de la Zone franche, on les fait attaquer par des journalistes étrangers à notre région, ignorants de nos droits et de nos intérêts, et uniquement renseignés par des rancunes d'ailleurs inexplicables.

Nous pensons qu'il est de notre devoir de répondre à toutes ces attaques, parce que l'esprit d'animosité qui se crée à Annecy ne peut avoir que les plus funestes conséquences.

Nous voulons étudier, à la lumière des documents les plus certains, les causes et les origines de la Zone franche, et examiner les prétendus griefs, économiques, financiers, politiques et administratifs qui sont allégués contre nos concitoyens.

Nous conclurons ensuite, en nous tenant en dehors des intérêts de clocher et des petites passions locales. Nous habitons la Zone, mais nous ne saurions oublier que nous avons l'honneur de représenter le département tout entier, l'arrondissement d'Annecy nous ayant, sans aucune contestation, honoré de ses suffrages, aussi bien que les arrondissements de la Zone.

I

Causes et origines de la Zone franche de la Haute-Savoie

Le territoire de la Zone franche actuelle de la Hte-Savoie, avec celui du Pays de Gex, également zone franche, enclave presque entièrement la République de Genève, réunie à la Suisse en 1814. La nécessité des relations commerciales entre ces pays et la ville de Genève, a été reconnue dès le jour où cette ville a séparé, au XVIe siècle, ses destinées de celles de la région dont elle avait été longtemps la capitale politique et administrative.

Cette liberté a été consacrée par de nombreux traités consentis, subis sous la pression des événements, par les princes de Savoie, en dépit de leur mauvais vouloir et de leur violente hostilité contre « les rebelles hérétiques de Genève ». Nous citerons, notamment, le traité de Saint-Julien du 19 octobre 1530 (1), le traité de Lausanne du 15 octobre 1564 (2), celui de Saint-Julien du 16 juillet 1603 (3), celui de Turin du 3 juin 1754 (4), et même la convention signée à Landecy le 2 novembre 1792, entre le gouvernement genevois et le général en chef des troupes de la République française en Savoie.

Depuis plusieurs siècles, la liberté réciproque des échanges a été la base normale des relations entre Genève d'une part, la Savoie du Nord et le Pays de Gex d'autre part. Cet état de choses n'a été que l'expression d'une nécessité géographique, Genève étant à la fois le centre de consommation et le marché commercial de la région qui l'entoure.

Cette nécessité géographique devint une vérité politique et économique en 1798, lorsque fut créé le département du Léman, avec Genève pour chef-lieu, et avec, pour territoire sur

(1) Article premier : Toutes hostilités cesseront de part et d'autre *et la liberté du commerce sera rétablie.*

(2) *La liberté des passages et du commerce sera garantie.*

(3) Art. 1er. *Le commerce et trafic demeurera libre de part et d'autre, tant pour les personnes que pour toutes sortes de marchandises, vivres, blés, vins et autres denrées sans aucune prohibition, restriction ou limitation.*

(4) Art. 15. *Il y aura liberté réciproque du commerce.*

la rive gauche du Rhône, exactement le territoire actuel de la Zone franche.

De cette union de quinze années, qui prit fin en 1814 par l'invasion autrichienne, date une période de prospérité agricole dont le souvenir était resté si vivace dans l'ancien département du Léman, que depuis 1814 les populations ne cessèrent de réclamer, par tous les moyens en leur pouvoir, la liberté des échanges par l'établissement d'une zone franche (1).

Aucun corps élu n'existant en Savoie avant 1848, les populations n'avaient aucun moyen légal de faire entendre leurs protestations contre la ligne de douanes établie en 1816. Le *Buon Governo* n'aurait pas toléré de pétitionnement. Mais à défaut de moyens légaux, les habitants de la Savoie du Nord profitèrent des tentatives révolutionnaires qui eurent lieu sous la Restauration, pour se débarrasser de la barrière anormale des douanes. C'est ainsi qu'en 1834, lors du mouvement tenté par Mazzini sur Annemasse, les Savoyards qui s'étaient joints aux insurgés, s'empressèrent de se porter sur le bureau des douanes d'Annemasse, et de faire avec les registres de la douane un feu de joie autour duquel les habitants d'Annemasse et des environs dansèrent la farandole, comptant bien que la douane ne reviendrait plus.

Dès qu'il y eut des corps élus dans notre pays, en 1848, quelle fut leur première préoccupation ? La Zone franche !

Conseils provinciaux, conseil divisionnaire (conseil général de cette époque), réclamèrent tout de suite la Zone, et avec quelle énergie !

La première session du Conseil divisionnaire d'Annecy, retardée en 1848 par la guerre contre l'Autriche, n'eut lieu qu'en 1849. On peut lire dans le volume qui est aux archives départementales, la belle discussion à laquelle donna lieu la demande de la Zone ; elle fait le plus grand honneur aux lumières de nos anciens. Le rapporteur fut M. Jacques Frézier, vice-président du Conseil divisionnaire où il représentait le Chablais ; il était alors président du tribunal d'Annecy. Après une discussion approfondie, les conclusions de la Commission furent votées en ces termes :

(1) Il y eut bien de 1816 à 1860, une petite zone dite de St-Julien, obtenue *par la Suisse*, et avec beaucoup de difficulté, du roi de Sardaigne, qui se fit donner une indemnité de cent mille francs. Il y eut aussi les petites zones de Veigy-Foncenex et de St-Gingolph, établies pour la commodité des douanes sardes, mais nullement pour l'avantage des populations.

« Le Conseil divisionnaire émet le vœu que les provinces « du Chablais et du Faucigny soient affranchies du service « des douanes, en reportant la ligne douanière sur les Usses « et sur les montagnes qui séparent le Faucigny du Genevois.

La ligne des Usses et les montagnes qui séparent le Faucigny du Genevois, c'étaient les limites de l'ancien département du Léman, c'est encore la limite de la Zone franche; le Gouvernement français, en effet, a toujours entendu se conformer exactement aux vœux des représentants du pays confirmés par le plébiscite de 1860.

La question de la Zone fut portée à la Chambre des Députés de Turin (1); le Gouvernement, à la suite des difficultés résultant de la malheureuse campagne de Novare, en ajourna l'examen, sans qu'il fut soulevé aucune objection constitutionnelle ou légale. On se contenta de supprimer les droits à la sortie, d'adoucir les anciens tarifs douaniers, et de conclure avec la Suisse le traité du 8 juin 1851, dont l'art. 4 concéda à la Savoie certains avantages dont elle a joui jusqu'à la Convention, beaucoup plus large, de 1881.

---

(1) V. *La Douane en Chablais* (par M. Favrat, député de Thonon), brochure imprimée sans nom d'auteur en 1850.

II

Le Plébiscite du 22 avril et le Décret-Loi du 12 juin 1860

Telle était la situation lorsqu'arriva la réunion de la Savoie à la France en 1860.

A cette époque, la Suisse réclamait la cession, à son profit, des territoires de la Zone franche actuelle. Napoléon III, ancien citoyen suisse, ayant contracté des obligations envers ce pays, fit connaitre officiellement qu'il était disposé à donner satisfaction à cette demande.

Le perspective d'un démembrement de la Savoie souleva une vive opposition dans le pays, et une délégation de Conseillers provinciaux et municipaux, se rendit à Paris. Elle fut reçue aux Tuileries le 21 mars 1860, en audience solennelle, et fit connaitre le désir des populations d'être toutes réunies à la France, en sauvegardant les relations commerciales avec Genève et la Suisse.

Dans sa réponse insérée au *Moniteur Officiel* du lendemain, l'Empereur annonça *qu'il serait facile de donner satisfaction aux intérêts politiques et commerciaux qui lient à la Suisse certaines parties de la Savoie.*

Quelques jours plus tard, le Ministre des Affaires étrangères de France fit connaitre aux municipalités de Thonon, Bonneville et Saint-Julien, par une dépêche officielle, la résolution du Gouvernement français d'assurer à cette partie de la Savoie les franchises douanières du pays de Gex, en autorisant la publication de cet engagement ; ce qui fut fait dans toutes les communes intéressées.

L'envoi de cette dépêche fut annoncée au *Moniteur Officiel* du 7 avril 1860. De plus, le sénateur Laity, commissaire impérial envoyé en Savoie, fit connaitre partout l'engagement pris envers les populations et déclara que celles-ci pourraient en prendre acte en votant « oui et zone » au plébiscite sur le traité de cession.

De leur côté, les intendants sardes des provinces de Chablais et Faucigny, et le Gouverneur (Préfet) d'Annecy, firent connaitre aux populations que la franchise douanière était officiellement garantie, et que les votes *oui et zone* seraient valables et considérés comme affirmatifs.

Le plébiscite eut lieu le 22 avril 1860 ; il donna les résultats suivants pour le territoire actuel de la Haute-Savoie, alors division administrative d'Annecy :

Electeurs inscrits........	65.486
Votes affirmatifs.........	61.430
Votes négatifs...........	160

Dans ces chiffres sont compris les votes des habitants du Chablais, du Faucigny et du territoire de Saint-Julien au nord des Usses qui tous ont voté *oui et zone. Le nombre de ces suffrages* **oui et zone** *a été de* **47.076,** *soit l'unanimité.*

Il n'y a pas d'hypothèse, si ingénieuse soit-elle, qui puisse mettre en question ce fait historique : la Zone existe en vertu d'engagements officiellement pris à la face du pays avant le plébiscite du 22 avril 1860, et ratifiés par le suffrage des populations.

Ces engagements sanctionnés par le Décret-Loi de 1860, qui a institué la Zone franche, ont été loyalement tenus et confirmés par de nombreux actes du Gouvernement de la République, et notamment par la loi du 31 mars 1899, qui a rectifié la rédaction du Décret-Loi de 1860, dans des conditions que nous expliquerons. Tous ces actes publics placent la Zone franche de la Haute-Savoie au-dessus de toute contestation.

Aussi c'est avec une profonde stupéfaction que nous avons vu, dans une brochure récente, la Zone de 1860 apparaitre comme un expédient helvétique et antifrançais, subrepticement imaginé par le cerveau machiavélique de Napoléon III, violateur des lois fondamentales de son pays, dans le but d'être agréable à l'étranger, le dit forfait perpétré avec la complicité de l'Angleterre ! Quel étrange roman !

Nous avons vu que la Zone a de plus anciennes et de plus authentiques origines.

Pour imaginer l'hypothèse purement gratuite d'un prétendu complot qui aurait amené l'existence de la Zone en 1860, avec la participation de la Suisse à cette œuvre ténébreuse, il faut ignorer les faits les plus connus de notre histoire contemporaine.

Il faut tout au moins avoir oublié ce que tous ceux qui ont été mêlés aux affaires du pays n'ont pas le droit d'ignorer, à savoir que la Suisse a été si peu d'accord avec Napoléon III lors de l'établissement de la Zone franche, que la Suisse a refusé pendant vingt ans de reconnaître l'existence de cette Zone franche. Pour avoir raison du mauvais vouloir de nos voisins qui ne voulaient pas reconnaître la Zone, pour arracher à la Suisse la convention de 1881, il a fallu, à la suite de longues négociations, lier la question de cette reconnaissance demandée à la Suisse, à la question du raccordement des lignes de chemin de fer d'Annemasse à la frontière Genevoise, raccordement indispensable dont la Suisse avait besoin. Donnant, donnant.

Quant à la constitutionnalité des décisions du Gouvernement français, et à la valeur du vote *oui et zone*, il nous suffira de rappeler que l'art. 1er du traité de cession du 24 mars 1860, contient un paragraphe final sur la manifestation de la volonté des populations, *les deux Gouvernements devant se concerter sur les meilleurs moyens d'apprécier et de constater l'expression de cette volonté*. La circulaire des intendants sardes du Chablais et du Faucigny et la proclamation de M. Lachenal, gouverneur régent d'Annecy, constatent l'accord des deux Gouvernements sur le mode de vote, et c'est ensuite de cet accord que le vote *oui et zone* fut autorisé officiellement.

Si l'arrondissement d'Annecy avait voulu lier ses destinées économiques à celles des trois arrondissements du Nord, il eût sans aucune difficulté obtenu de faire partie de la Zone. Si l'arrondissement chef-lieu a été placé sous un régime différent du reste du département, c'est lui-même qui l'a ainsi voulu. Non seulement l'arrondissement d'Annecy n'a pas voulu faire partie de la Zone, mais les notables d'Annecy ont fait tous leurs efforts pour empêcher les populations de demander cette Zone. Voilà ce qu'il ne faut pas oublier.

III

Conséquences économiques de l'ancien régime douanier

On se figure volontiers, à Annecy, que c'est la Zone qui a orienté les relations économiques de la Savoie du Nord, du côté de Genève, au détriment d'Annecy. C'est une erreur et l'erreur consiste à attribuer à la Zone ce qui est le résultat d'une nécessité géographique.

Bien avant la Zone il en était déjà ainsi, mais dans des conditions anormales qu'il est bon de rappeler.

On lit dans le rapport du Président Frézier au Conseil divisionnaire d'Annecy (juin 1849) :

« L'absence de relations commerciales entre les habitants « de ces contrées (Chablais et Faucigny) avec *l'intérieur* pro- « vient de l'état violent dans lequel ils sont constamment placés.

« Ils ont leur centre de commerce d'exportation d'un côté, « et celui de leurs importations sur un point beaucoup plus « éloigné, de manière qu'ils sont constamment engagés à « chercher à corriger, par le moyen de la contrebande, les « erreurs de la législation à laquelle ils sont soumis. »

Remarquons qu'à cette époque, en 1849, la douane était précisément là où nos concitoyens d'Annecy voudraient qu'elle fut, à Annemasse, à Thonon, à Evian. On lit dans le même rapport Frézier :

« Ce n'est pas parce que les provinces du Chablais et du « Faucigny sont frontières qu'elles sont désolées par la contre- « trebande, mais parce que leur situation topographique, « par rapport à Genève et à la Suisse, met leurs habitants « dans *l'impossibilité d'écouler ailleurs que sur ces marchés « étrangers, l'excédent de leurs produits,* tandis que notre « système douanier *tend à les obliger à ne s'approvisionner « que dans l'intérieur, des objets dont ils ont besoin.* De là ré- « sulte une position violente et contre nature que les régle- « ments les plus sévères et la surveillance la plus active n'ont « pu dominer. Lorsque les lois civiles sont en opposition avec la « nature des choses, leur violation est inévitable et la démo- « ralisation des populations auxquelles on les applique est « certaine. ».

On croit à Annecy que la ligne de douane placée à la frontière politique serait plus facile à garder que la ligne actuelle? Tel n'était pas l'avis de nos prédécesseurs du Conseil divisionnaire d'Annecy en 1849; lisez ce passage du rapport du président Frézier :

« Jetez un coup d'œil sur la carte du pays ; voyez cette « ligne immense qui a sa base aux glaciers du Mont-Blanc, « qui après avoir suivi la série de montagnes qui séparent le « Faucigny et le Chablais du Valais, descend au bord du « Lac Léman, suit son littoral accessible de toutes parts, ren- « ferme la Zone telle qu'elle a été stipulée dans le traité de « 1816, et va se terminer au Fort de l'Ecluse, sur la frontière. « Elle présente une longueur de trente lieues et plus. Elle est « entrecoupée par des montagnes et des forêts et ne présente « à l'administration de la douane aucun obstacle naturel sur « lequel elle puisse appuyer ses opérations. Elle ne pourrait « donc être gardée qu'au moyen de dépenses exhorbitantes. »

On trouvera, dans le volume qui est aux archives départementales, le triste tableau des résultats désastreux produits sous l'ancien régime sarde par une législation draconienne.

« Les particuliers, disait le rapporteur de 1849, se sont mis « sur le pied d'empletter eux-mêmes, à l'étranger, les mar- « chandises nécessaires à leur consommation et de courir les « chances de leur importation, en fraude des lois sur la « douane. *Les marchands de l'intérieur ont été abandonnés.* Il « n'y a plus aujourd'hui dans ces provinces de commerce « régulier et il est impossible qu'il s'y établisse en face de « l'état actuel des choses. Les négociants qui voudraient ne « livrer à la consommation que des marchandises dont les « droits de douane auraient été acquittés, se verraient écrasés « par la concurrence de la contrebande. Ils sont forcés de s'y « livrer eux-mêmes ou de fermer leurs magasins. »

Au cours de la discussion du Conseil divisionnaire, « un « membre signale l'inconvénient qui tient à la position du « Chablais, parallèle à la frontière, celui de ne pouvoir y faire « un pas sans s'exposer à être fouillé par les agents doua- « niers. »

Un autre membre dit « que le même inconvénient se pré- « sente en Faucigny, depuis Genève jusqu'à Chamonix ; que « d'ailleurs les habitants étant obligés *de vendre toutes leurs « denrées à Genève, ils y font réciproquement tous leurs achats ; « que la ligne douanière enrichit Genève* dans ce sens que « pour s'y faire habiller, paysans et bourgeois vont y passer

« souvent plusieurs jours, tandis qu'autrement ils se borne-
« raient à faire venir les objets par commissionnaires; que
« cela est si vrai que la possibilité seule d'une variation de la
« Zone a vivement ému les Genevois, à tel point que dans
« cette prévision plusieurs boutiquiers n'ont pas voulu renou-
« veler le bail de leurs magasins. »

De l'ensemble des faits établis par cette sérieuse enquête de 1849, il ressort : 1° que l'état économique normal de la Savoie du Nord devait être la Zone franche;

2° Que la Zone franche n'a nullement créé, mais régularisé les relations économiques entre la Savoie du Nord et Genève;

3° Qu'Annecy n'avait rien à perdre et ne pouvait rien perdre à la création de la Zone. — Annecy est donc hors de cause.

IV

Les griefs économiques contre la Zone franche

Voyons maintenant si le fonctionnement de la Zone franche depuis 1860 mérite les critiques et justifie les doléances de nos concitoyens d'Annecy.

Dans une récente brochure, nous lisons que la Zone a toutes les faveurs, que ces faveurs ne lui servent à rien, que les habitants de la Zone dépensent à Genève beaucoup plus qu'ils ne vendent à cette ville et qu'en définitive la Zone ne travaille que pour enrichir Genève.

Ce sont là de grosses erreurs.

Il faut bien peu connaître notre pays pour ignorer que le régime économique régularisé en 1860 a prodigieusement développé la prospérité agricole dans la Savoie du Nord. Des communes où, sous le régime douanier, on ne voyait que des teppes arides, sont couvertes aujourd'hui de belles vignes et de plantureuses cultures. L'élevage du bétail et la production du lait ont atteint un développement considérable (1).

La vérité est que la Zone vend à Genève beaucoup plus qu'elle n'achète à cette ville. Depuis la reprise des relations commerciales avec la Suisse en 1895, les exportations des produits agricoles de la Zone en Suisse n'ont cessé d'augmenter d'importance : elles ont atteint la somme de 19 millions en 1901 pour la Zone de la Haute-Savoie. Sur ce chiffre total, nos produits entrent en franchise pour environ 9 millions de francs, en vertu de la convention de 1881 ; le surplus paie les droits au tarif conventionnel appliqué à tous les produits de l'intérieur de la France.

Voici d'ailleurs le tableau, tiré de la statistique des douanes suisses, des exportations de la Zone dans ce pays depuis six ans :

(1) La petite commune de Beaumont exporte, soit à Genève soit dans l'intérieur de la France, des produits agricoles pour une somme de plus de 222.000 francs, dans laquelle les fromages et tommes figurent pour 125.000 francs et les animaux des races bovine et porcine pour environ 60.000 francs.

Exportation des produits des Zones franches. Récapitulation générale

		Zone franche de la Hte-Savoie	Zone franche du Pays de Gex	Totaux
1896	Valeur totale des produits, fr.	15.507.677	2.176.620	17.684.287
1897	id.	16.484.872	2.414.320	18.899.212
1898	id.	17.845.561	2.879.151	20.724.715
1899	id.	17.044.110	2.325.858	19.369.968
1900	id.	16.652.200	2.453.027	19.105.236
1901	id.	18.839.785	2.645.910	21.485.704

Les principales exportations de la Zone franche de la Haute-Savoie en Suisse sont :

Les animaux de boucherie et la viande fraiche, pour environ 6 millions de francs ;

Le beurre frais et cuit, 2 millions 300.000 fr. ;

Les œufs, 1 million 522.000 fr. ;

La pierre à bâtir et autres matériaux, 1 million 350.000 fr.;

Le vin, 37.000 hectolitres, dont 30.000 en franchise et le surplus au tarif conventionnel de 3 fr. 50 les 100 kil., le tout représentant une valeur de 900.000 fr. (1);

Le jardinage, 850.000 fr. ;

Le lait, 700.000 fr. ;

Le foin et la paille, 640.000 fr. ;

Le blé-froment, 575.000 fr. ;

La volaille morte et vivante, 535.000 fr. ;

Les fromages et tommes, 550.000 fr. etc., etc.

Les droits payés à la douane suisse pour les 10 millions de produits qui n'entrent pas en franchise se sont élevés en 1901 à 386.648 fr. 60 cent. pour la Zone de la Haute-Savoie et à 31.417 fr. 80 pour la Zone du pays de Gex, en tout à 418.086 fr. 40.

Les exportations de la Zone franche de la Haute-Savoie à l'intérieur de la France, qui atteignaient 6 millions en 1893, ne dépassent guère à présent 8 à 10 millions par an. Elles consistent principalement en bétail, surtout des vaches laitières de notre bonne race d'Abondance, qui vont généralement dans le Midi ; en fromages façon gruyère et tommes ; en blés et farines ; en 10 à 12.000 hectolitres de vin, plus

(1) Le chiffre est considérablement réduit, par suite du bas prix des vins en 1901. En temps normal il serait augmenté d'un tiers.

un certain nombre de produits manufacturés admis à la franchise avant 1893.

Les principaux produits fabriqués admis en franchise sous le contrôle de l'administration des Douanes sont les chocolats et l'horlogerie du Faucigny, les pâtes alimentaires de Thonon, la bonneterie du Châble, les peaux préparées, les parapluies de La Roche, etc. La franchise n'a été accordée qu'aux fabricants de nationalité française, qui, de plus, ne doivent employer qu'un outillage et des matières premières de provenance française ou nationalisés par le paiement des droits de douane.

Mais un très grand nombre de produits manufacturés ne jouissent pas de la franchise, et n'obtiennent d'autre faveur que d'être admis au tarif minimum (1).

Pour le bétail, le blé, le vin, il faut des *déclarations fondamentales*, vérifiées sur place par le service des douanes, et des certificats d'origine pour les autres produits du sol.

Les représentants de la Zone qui, eux, n'ont jamais favorisé la fraude, ont, au contraire, conseillé tous les moyens de la prévenir. Depuis plusieurs années, au Conseil général et à Paris, ils préconisent la *marque du bétail*, qui va enfin être appliquée, et qui rendra impossible toute erreur volontaire ou involontaire portant sur le signalement des animaux. Pour les blés, ils ont suggéré à l'administration divers moyens de contrôle ; l'un de ces moyens vient d'être adopté et appliqué : désormais les déclarations fondamentales pour le blés se feront du 1er mars au 15 mai, c'est-à-dire à un moment où la vérification des surfaces ensemencées est facile.

Au sujet de prétendues fraudes attribuées aux habitants de la Zone franche, les fables les plus grossières sont répandues par des gens qui n'ont pas la moindre idée du fonctionnement de ce régime spécial. C'est ainsi que M. Jules Domergue, sans savoir au juste de quoi il s'agit, n'hésite pas à demander la suppression de la Zone franche (1), et à l'appui de son opinion, il imprime ces lignes phénoménales : « Qu'on suppute « maintenant ce que représente la fraude sur les impôts de « consommation *par le retour, sur le territoire assujetti*, des « produits dont les taxes sont de 64 francs pour le sucre ; de « 208 francs pour le poivre, le thé, la cannelle ; de 312 fr.

(1) Par exemple, une paire de bottines fabriquées dans la Zone franche, expédiée à l'intérieur, est sujette au droit de douane de 1 fr. 50 (tarif minimum), le tarif maximum étant 2 fr. 50.

« pour la muscade ; de 416 fr. pour la vanille, etc., etc.
« L'exemption de ces droits pour la **consommation per-
« mise** (?) ajoutée à l'**exemption des droits de douane,**
« représente déjà pour le Trésor un manque à gagner qu'on
« évalue à plus de 15 millions. De combien le chiffre s'aug-
« mente-t-il de par les fraudes de toute nature qui se com-
« mettent ? ».

Quel galimatias ! Comme si le sucre et les denrées coloniales venant de la Zone étaient admis à l'entrée en franchise sur le territoire assujetti !

Voilà au moins une trouvaille qui en vaut la peine, et si M. Jules Domergue traite toutes les questions avec cette compétence, les lecteurs de la *Réforme Economique* doivent être vraiment renseignés.

Un autre économiste non moins distingué, M. Charousset, estime que la Zone ne vit que par et pour la fraude. Il connait d'ailleurs si bien la question, qu'il met Faverges et Albertville dans la Zone et il se livre à un calcul duquel il résulte pour lui que le blé devrait coûter dans la Zone *14 francs de moins qu'à l'intérieur.*

M. Léonce Duparc, dans sa brochure sur la Zone, se garde bien de pareilles extravagances ; mais il pense que « la Zone peut faire la spéculation suivante : acheter par exemple des blés étrangers pour la consommation, en les payant 7 francs de moins par quintal que ne les paient les Français de l'intérieur, et ensuite vendre des blés de sa récolte dans l'intérieur de la France, au prix plus élevé que procure l'application du tarif douanier protecteur. »

Mais voici des chiffres qui contrarient quelque peu le raisonnement de M. Léonce Duparc : ce sont les prix du blé dans la région au milieu d'octobre 1902. Nous copions le tableau dans les journaux du pays :

Mercuriales des Marchés de la semaine

Les 100 kg.	**Annecy** 14 octobre	**La Roche** 16 octobre	**Cluses** 1[illegible] octobre	**Thonon** 15 octobre	**Genève** —
Blé-froment .	20.00	19.75	19. »	22. »	18. »
Farine	30. »	27. »	21. »	». »	1e qté, 20. » 2e id. de 21 à 26

(1) Dans la *Réforme Economique* du 7 septembre 1902.

On le voit, la différence entre les prix de la Zone et ceux de l'intérieur est bien loin de donner raison à M. Léonce Duparc, puisque sur trois marchés de la Zone, deux ne donnent que des différences peu importantes par rapport aux prix du blé à Annecy et que le troisième donne un prix supérieur au prix d'Annecy. Il est vrai qu'à cela on nous répondra que les mercuriales publiées par les journaux de la Zone ne méritent qu'une confiance limitée, « la Zone ayant tout intérêt à exagérer ses prix officiels, *pour faire croire qu'elle ne nuit à personne* ». Extraordinaire état d'esprit, qui ne permet plus à ceux qui sont atteints de *zonophobie* de voir les choses comme elles sont.

Si les bourgeois d'Annecy voulaient prendre la peine de se renseigner, ils pourraient constater que les prix des mercuriales sont la base des marchés conclus dans la Zone.

Il est vrai que M. Léonce Duparc, qui est un esprit modéré et de bonne foi, reconnait de bonne grâce que la nouvelle loi sur les acquits-à-caution a mis un terme aux fraudes les plus importantes sur les farines et sur les blés (1).

Si, dans les circonstances que nous indiquerons, des fraudes se sont produites, c'est dans l'arrondissement d'Annecy et non dans la Zone, que la fraude a trouvé des protecteurs. Nous avons, au contraire, signalé sans relâche à l'administration des Douanes, les introductions frauduleuses de blé effectuées de 1896 à 1899, et demandé des pénalités sévères contre ceux qui exploitaient ainsi les agriculteurs de la Zone.

Qu'on le sache bien, en effet, toute introduction de blé étranger, substitué au blé de la Zone franche par les fraudeurs, était faite, non pas au détriment de la production intérieure, mais au préjudice des cultivateurs de la Zone. Les quantités de blé introduites étaient insignifiantes eu égard à l'énorme stock de la production française ; tandis que, si réduite qu'elle fut, la fraude privait nos agriculteurs de la vente de leur blé. Tout sac de blé entré en fraude l'était au préjudice des agriculteurs de la Zone franche.

On a voulu créer, contre la Zone franche, la légende de

(1) On affecte de dire que la Haute-Savoie ne produit pas de blé pour sa consommation. Cependant l'évaluation de la récolte du blé en France, pour 1902, publiée par le *Journal Officiel* d'après les rapports des professeurs d'agriculture, donne pour la Haute-Savoie 566.280 hectolitres de froment, représentant 441.698 quintaux métriques, ce qui n'est pas une quantité négligeable, mais au contraire une récolte dépassant de beaucoup les besoins de la consommation.

l'introduction frauduleuse de blés étrangers sous le couvert de la Zone.

Nous ne saurions protester trop énergiquement contre une assertion aussi calomnieuse qu'injustifiée.

Il y a eu malheureusement, il est vrai, des introductions de blés étrangers pendant trois ans, de 1896 à 1899, mais nous affirmons que les agriculteurs de la Zone franche n'y ont été pour rien et en ont été les premières victimes.

Ces introductions frauduleuses ont été opérées par des spéculateurs de l'intérieur de la France et organisées plus particulièrement par deux fraudeurs domiciliés, l'un dans les environs d'Annecy, l'autre dans l'arrondissement de Chambéry.

Elles ont pu se produire parce qu'à la suite d'un arrêt de la Cour de cassation, la frontière douanière de la Haute-Savoie s'est trouvée ouverte et sans surveillance efficace pendant ces trois années, c'est-à-dire jusqu'au vote de la loi du 31 mars 1899.

Les mêmes faits se reproduiraient sur n'importe quel point de la frontière française si pareil cas s'y présentait.

Voici dans quelles circonstances est intervenu l'arrêt de la Cour de cassation qui ouvrit la frontière douanière :

Le décret de 1860, au lieu d'indiquer la rivière des Usses comme limite du territoire douanier, n'avait fait mention que d'une ligne de douane composée de bureaux de perception et de postes de surveillance n'ayant aucune concordance avec la ligne frontière.

La Cour de cassation, se basant sur les termes du décret-loi de 1860, jugea, le 15 mars 1896, que la frontière douanière devait être portée à une série de lignes droites joignant les clochers des villages désignés dans le décret. Le Gouvernement en présence d'une frontière ouverte et d'une surveillance impossible, déposa aussitôt un projet de loi rétablissant la frontière douanière à la limite naturelle des provinces, conformément aux intentions du législateur et à l'interprétation que le Gouvernement lui-même, d'accord avec les populations, avait constamment donnée au décret-loi de 1860 jusqu'à l'arrêt de la Cour suprême.

De concert avec l'honorable docteur Thonion, député d'Annecy, les représentants de la Zone n'ont cessé de signaler, avant les élections de 1898, les fraudes qui se pratiquaient par cette frontière ouverte, et de réclamer le vote du projet de loi, qui était d'une extrême urgence. Des considérations d'un ordre inférieur empêchèrent le Gouvernement d'alors d'insister pour le vote avant les élections législatives de 1898. Aussitôt élu, le nouveau député de l'arrondissement d'Annecy, M. Berthet, s'efforça de retarder encore le vote de la loi, ce qui est établi par le rapport fait au nom de la Commission des douanes de la Chambre des Députés le 3 février 1899, par M. Noël ; il constate que MM. Berthet, député d'Annecy, et Forni, député d'Albertville, ont combattu le projet devant la Commission.

Enfin votée le 28 mars par la Chambre, elle l'était le surlendemain par le Sénat, grâce à notre intervention. Mais il avait fallu trois ans pour la faire aboutir, et ce retard est dû aux prétextes invoqués par les protecteurs de la fraude, les mêmes qui demandent aujourd'hui la suppression de la Zone franche.

En résumé, on a eu soin de nous le dire : le but que poursuivent nos voisins d'Annecy en demandant la suppression de la Zone franche, c'est *d'empêcher Genève de rester le centre économique de la Haute-Savoie*. Il paraît, en effet, qu'il y a encore des gens qui croient qu'un centre économique est une chose qu'on déplace à volonté, et qui méconnaissent à ce point les lois économiques les plus invariables ! Est-ce que nous ne savons pas par l'expérience des siècles, que les règlements douaniers qui prétendaient créer des courants commerciaux factices et entraver les courants commerciaux naturels, n'ont réussi qu'à créer la misère et à empêcher les gens de vivre !

Puis, qu'est-ce que cela veut dire : *empêcher Genève de rester le centre économique de la Haute-Savoie ?* Est-ce que cela signifie que la Zone ne doit plus désormais vendre ses produits à Genève ? Est-ce Annecy qui achètera à la Zone franche pour 6 millions de viande de boucherie et qui boira les 40 mille hectolitres de vin que la Zone franche fournit à Genève ? Mais tout le monde sait que, loin de pouvoir absorber ces produits, le marché d'Annecy lui-même contribue à l'alimentation de Genève. Personne ne peut ignorer que les produits portés aux marchés d'Annecy et de Rumilly sont ramassés en grande partie pour être envoyés à Genève. (1)

(1) Le vol de 4,000 francs commis récemment à Annecy, au préjudice d'une *coquetière*, prouve que les acquisitions pour le marché de Genève ont de l'importance.

Enfin quel est le protectionniste renforcé qui oserait se plaindre de l'exportation des produits agricoles ou industriels de la France?

D'ailleurs, les adversaires de la Zone se trompent grossièrement lorsqu'ils affirment que Genève est l'unique centre des approvisionnements de la Zone. Ils auraient pu pourtant se renseigner sur les quantités considérables de produits industriels ou commerciaux, expédiés de l'intérieur de la France à destination de la Zone franche. Nous avons demandé l'état de ces produits et leur valeur, le temps matériel nous a manqué pour avoir ces renseignements officiels, qui seront produits en temps et lieu. Mais nous pouvons affirmer d'ores et déjà, en tenant compte de la circulation des trains de marchandises entre Bellegarde et Annemasse, que la valeur de ces produits est de deux ou trois fois supérieure à celle des produits de la Zone franche expédiés à l'intérieur.

Il est vrai que la plupart de nos négociants s'approvisionnent dans l'intérieur de la France sans passer par l'intermédiaire de leurs confrères d'Annecy : mais la suppression de la Zone franche ne modifierait en rien cet état de choses, — au contraire.

Au lieu donc de jalouser sans raison la Zone franche, la ville d'Annecy ferait beaucoup mieux d'apprécier les avantages positifs, certains et considérables, qui résultent pour elle de sa situation de chef-lieu du département.

Du reste, en ce qui concerne les majorations de notre tarif actuel des douanes, nous pouvons ajouter que les députés des trois arrondissements de la Zone franche de la Haute-Savoie (nous étions de ce nombre) ont résolument voté contre toutes ces majorations, désireux de ne pas accentuer la différence du régime économique entre les populations des deux côtés de la ligne douanière.

V

Les griefs financiers

Les Monopoles. — Les adversaires de la Zone franche prétendent que les habitants de la Savoie du Nord fument beaucoup, ce qui est vrai, — mais surtout du tabac suisse, ce qui est faux. Ils affirment que « les statistiques de l'administration française indiquent une faible consommation de tabacs ». C'est une assertion démentie par les chiffres de l'administration elle-même.

La consommation du tabac suisse est à peu près nulle dans la Zone franche, depuis le Décret du 11 décembre 1879, qui a abaissé, pour la *1re Zone frontière, 1re subdivision* (1), à 1 fr. 50 le kilo le prix du tabac à fumer dit de cantine, de fabrication grossière, et ce qui le prouve, c'est que les trois arrondissements de la Zone franche ont consommé, en 1901, pour 816.771 francs de tabacs de la régie française (2) : chiffre respectable que tous les départements français n'atteignent pas. Et le produit de ce monopole dans la Zone franche serait bien plus considérable, si les tabacs de cantine n'étaient pas délivrés aux débitants en quantités bien inférieures à leurs demandes.

La Zone franche consomme beaucoup plus de poudre à feu de l'Etat que l'arrondissement d'Annecy. En 1900, alors que l'arrondissement d'Annecy ne consommait que pour 12.706 fr. de poudre de l'Etat, les entrepôts de Thonon et de Bonneville en délivraient pour 47.874 francs.

Le même rapport officiel de l'administration des Contributions indirectes constate que la même année les trois arrondissement de la Zone franche ont consommé pour 3.707 francs d'allumettes de la régie.

Contributions Indirectes. — Les adversaires de la Zone franche prétendent que l'impôt sur les alcools « ne se perçoit que très incomplètement dans la Zone ». Encore une assertion démentie par les chiffres publiés par l'administration elle-même.

(1) Il n'y a aucun rapport entre la Zone franche et les trois Zones de tabacs établies par le décret du 11 décembre 1879.

(2) Rapport du Directeur des Contributions indirectes, Conseil général de la Haute-Savoie, session d'août 1902.

En 1901, l'impôt des boissons a produit dans la division de Thonon (arrondissements de Thonon et de Bonneville), la somme de 398.295 francs. Tandis que dans la division d'Annecy (arrondissements d'Annecy et de St Julien), l'impôt ne produisait guère plus, soit 419.729 francs. Mais pour le premier trimestre de 1902, le chiffre de l'impôt perçu dans la division de Thonon est supérieur à celui d'Annecy. En effet, la division de Thonon a produit 81.313 francs, et la division d'Annecy seulement 80.716 francs. Et encore, de ce dernier chiffre il faudrait défalquer l'arrondissement de St-Julien qui fait partie de la division d'Annecy, quoique *zonien*, et ajouter son produit à celui de la division de Thonon.

Quant aux *droits divers*, dont le plus important est le droit sur les licences, la division de Thonon en a payé en 1901 pour 177.744 francs, et la division d'Annecy, avec l'arrondissement de Saint-Julien, pour 275.583 francs.

L'impôt sur le *sel* produit près de cent mille francs dans la Zone franche et la réduction de la taxe, fixée d'abord à 5 francs en 1877, puis à 2 francs par le décret de 1880, a été une mesure financière heureuse, puisqu'elle a augmenté considérablement la consommation du sel, en débarrassant le pays des sels introduits en fraude des droits, de même que le décret du 11 décembre 1879 a rendu un véritable service au pays et aux finances françaises, en créant les tabacs de cantine à très bon marché, ce qui a eu pour effet d'expulser du pays les tabacs suisses. Il en a été de même du décret du 6 août 1875 qui a abaissé le prix de la poudre de mine.

Il est clair que le décret-loi de 1860, portant établissement de la Zone franche, n'a point édicté que le tabac, la poudre et le sel seraient à meilleur marché que dans l'intérieur ; c'est uniquement l'intérêt des finances françaises qui a amené le Gouvernement, sur les instances des représentants du pays, à abaisser successivement les prix de vente des poudres en 1875, des tabacs en 1879 et à réduire l'impôt sur le sel en 1880.

L'Etat encaisse donc, dans les trois arrondissements de la Zone franche, pour les produits des monopoles (tabacs, poudres et allumettes) et pour les impôts sur le sel, les boissons et les droits divers, tout près de un million huit cent mille francs. Si l'on ajoutait à ce chiffre déjà respectable les droits de douane perçus par les bureaux d'Annecy et de Bellegarde sur les objets manufacturés non admis à la franchise, plus le droit de statistique, qui frappe, sans exception, tous les colis traversant la ligne des douanes, et si l'on tenait compte enfin du droit de présentation en douane qui grève lourdement toutes les expéditions à l'entrée comme à la sortie, au profit de la Compagnie P.-L.-M., on arriverait à cette conclusion que la Zone franche paie, à ces titres divers, plus de 2 millions.

Mais que deviennent alors les calculs fantasmagoriques fournis par nos adversaires pour démontrer les « priviléges exorbitants » dont les habitants de la Zone franche sont comblés aux dépens du Trésor français ? Le même M. Charousset, qui a trouvé que le blé *devrait* coûter dans la Zone 14 francs de moins qu'à l'intérieur, affirme que c'est une douzaine de millions que la Zone coûte au Trésor français, et que chaque habitant de la Zone, compris les petits enfants, réalise de ce chef un bénéfice *approximatif* de 60 fr. par an ! Il est vrai que, deux pages plus loin, le même auteur déplore le malheureux sort des habitants de la Zone franche, l'excessive cherté de la vie dans cette région pourtant si privilégiée ; et cet aimable écrivain a soin d'ajouter que si les *Zoniens* tiennent à la Zone, ce n'est assurément pas pour elle-même, mais tout simplement pour les fraudes et les abus que permet ce régime. Voilà ce qu'on ose publier, au mépris de tout bon sens et de toute évidence.

Ce qui se passe en ce moment au sujet de l'impôt sur le sucre nous apporte un nouveau et curieux exemple des extravagances qui s'impriment dans certains journaux sur la Zone franche. On sait que le Gouvernement a demandé aux Chambres d'abaisser les droits sur le sucre. Jusqu'à présent, par suite d'une fâcheuse erreur économique contre laquelle nous avons toujours protesté, on faisait payer le sucre très cher aux Français, afin de le donner à très bon marché aux Anglais, au moyen d'un impôt de consommation très lourd qui enrichit les fabricants de sucre par les primes d'exportation. Désormais et après le vote de cette réforme, les Français de l'intérieur auront le sucre à treize sous le kilog, par suite d'une réduction considérable de cet impôt, et l'arrondissement d'Annecy pourra consommer autant de sucre que la Zone, si cela lui convient.

A l'appui du projet du Ministre des Finances, on a fait remarquer avec raison que la consommation du sucre augmenterait considérablement en France par le fait même du dégrèvement ; le sucre étant moins cher, on en consommera davantage, et l'on a cité d'après les statistiques officielles, ce qui se passe sur la Zone franche, où, grâce au bon marché du sucre, la consommation a dépassé 23 kilogs par tête (1).

Mais cela ne fait pas l'affaire des gros sucriers, et leurs journaux contestent l'exemple tiré de la Zone franche, en invoquant l'autorité de la *Réforme Economique*, dont nous citions plus haut les monumentales bévues. Le *Courrier du Pas-de-Calais*, organe réactionnaire et betteravier, rappelant d'après M. Jules Domergue, les prétendues fraudes sur les blés, ajoute cet argument surprenant : « N'en est-il pas de même du sucre, dont la contrebande est infiniment plus facile et plus rénumératrice ? N'est-il pas **évident** et **notoire** qu'aussitôt entré dans les Zones franches, il (le sucre) tend à en sortir pour rentrer *en France ou en Suisse*, et se vendre au prix que comporte le droit de consommation avec le bénéfice de la différence ? »

L'autre jour, c'était M. Jules Domergue, dans la *Réforme Economique*, qui se plaignait de l'introduction frauduleuse des épices, à présent c'est le *Courrier du Pas-de-Calais* qui découvre la fraude du sucre. Ces économistes ignorent sans doute qu'entre la Zone franche et l'intérieur il y a la ligne des douanes, ce qui fait que leurs suppositions sont aussi ridicules qu'absurdes. Nos voisins d'Annecy ont, il faut l'avouer, de bien singuliers et bien maladroits auxiliaires dans leur campagne contre la Zone franche.

---

(1) Le même fait a été constaté pour le sel, dont la consommation a rapidement dépassé 20 kilogs par tête à la suite de la réduction du droit à 2 francs.

VI

Griefs politiques et administratifs

S'il fallait en croire les adversaires peu renseignés de la Zone franche, notre département serait dans un état lamentable. Ils prétendent en effet que d'une part la Zone est envahie, accaparée, confisquée et *helvétisée* par Genève, et que d'autre part Annecy et son arrondisement sont opprimés et annihilés par la Zone.

Ces imputations sont l'une et l'autre du domaine de la fantaisie pure.

Il faut une dose d'imagination extraordinaire pour apercevoir l'envahissement de la Zone par les Genevois, alors qu'au contraire ce sont nos concitoyens qui envahissement pacifiquement Genève. Il y a dans cette ville 35.000 Français, le plus grand nombre appartiennent à la Haute-Savoie, et ceux-ci sont très attachés à la mère-patrie ; inscrits sur les listes électorales de leurs communes d'origine, ils exercent avec empressement leurs droits électoraux après avoir rempli leurs obligations militaires.

Il est non moins surprenant de voir nos adversaires découvrir un esprit d'animosité ou d'antagonisme des habitants de la Zone contre l'arrondissement d'Annecy ; et ce qui est plus fort, de trouver la preuve de cette prétendue animosité dans les décisions du Conseil général.

Si les trois arrondissements de la Zone étaient, comme on parait le supposer à Annecy, animés de dispositions peu bienveillantes pour l'arrondissement chef-lieu, il leur serait facile de se liguer entre eux et de réduire Annecy à la portion congrue. Or ils font tout le contraire.

Lorsqu'il s'est agi au Conseil général de répartir entre les quatre arrondissements, les subventions pour les chemins vicinaux, la majorité (zonienne, comme on dit à Annecy), a attribué la plus forte part à l'arrondissement d'Annecy, en prenant pour base de la répartition le chiffre de la population de chaque arrondissement. Mode de répartition qui peut être critiqué, assurément, mais pas par nos concitoyens d'Annecy dans tous les cas, puisque ce système leur est le plus favorable.

Lorsqu'il s'est agi de la construction du chemin de fer d'Annecy à Albertville, le département eut à prendre une lourde charge pour l'acquisition des terrains. Est-ce que les Conseillers généraux des arrondissements de Thonon et de Saint-Julien pour lesquels pareil concours n'a jamais été demandé, ont fait la moindre difficulté pour voter cette contribution ? Est-ce que ce n'est pas, en outre, grâce à l'intervention d'un député de la Zone que cette ligne a été portée par le Parlement au programme de 1892 ?

Il est vrai qu'à Annecy il y a encore des personnes qui reprochent au Conseil général d'avoir placé à Bonneville l'Ecole normale d'instituteurs. Mais, si l'on veut bien consulter le compte rendu de la séance du Conseil général du 24 avril 1884, on sera bien vite édifié sur la valeur de ce reproche. On y verra, en effet, que le Conseil général avait à choisir entre quatre villes, qui toutes offraient des terrains et un concours financier ; que dans toute la discussion, il ne fut pas un seul instant question de *Zone* ni d'*intérieur ;* que le concours financier d'Annecy offert par le Conseil municipal de cette ville parut insuffisant ; qu'en outre, l'Ecole normale d'institutrices étant déjà à Rumilly, qui est à une extrémité du département, il parut utile de placer l'Ecole d'instituteurs plus au centre, et cela dans l'intérêt même de l'Ecole ; et qu'enfin l'arrondissement d'Annecy fut abandonné par une partie de ses représentants, puisque sur sept Conseillers généraux de cet arrondissement, quatre seulement votèrent en faveur d'Annecy, avec l'appui de plusieurs Conseillers de la Zone !

Et quant à l'imputation dirigée contre le Conseil général, d'avoir placé cette Ecole normale *dans un milieu saturé d'influences helvétiques,* au risque de relâcher les liens rattachant la population du département à la nationalité française, c'est une injure imméritée et qui révèle un état d'esprit étrangement anormal.

Autre grief. — Le département a eu à construire un chemin de grande communication d'Annecy à Bonneville par Thônes. On sait combien sont coûteuses les constructions de routes en montagne. On ne peut tout faire à la fois, il faut toujours commencer par un bout. Mais si par malheur ce bout par lequel on commence n'est pas sur le territoire de l'arrondissement d'Annecy, c'est encore un noir complot des *Zoniens qui veulent détourner de Thônes et d'Annecy le trafic d'une partie du canton de Thônes au profit de Bonneville :* comme si les producteurs de ce canton allaient vendre quoi que soit à Bonneville ! La vérité est que les habitants du Grand-Bornand et des communes voisines prennent la route d'Entremont pour aller au marché de Genève, comme ils y allaient de temps immémorial.

La vérité est, en outre, que la construction de ce chemin de grande communication n° 1 a absorbé la majeure partie d'un emprunt de onze cent mille francs contracté par le département. La vérité est encore que sur ce même chemin, et dans l'arrondissement d'Annecy, le département vient de dépenser plus de 50.000 francs pour la traverse de Veyrier.

Un autre méfait reproché à la majorité *zonienne* du Conseil général est d'avoir accordé la garantie d'intérêts au tramway d'Annemasse à Samoëns, et de n'avoir pas fait jouir de cet avantage le tramway d'Annecy à Thônes, « l'unique tramway de l'arrondissement d'Annecy » (1).

Ce reproche est aussi mal fondé que les autres et la Zone est encore innocente de ce méfait : le Conseil général avait très favorablement accueilli, en 1887, une demande de trois lignes *avec subvention* du département et de l'Etat : Annecy-Thônes, Annecy-Seyssel et Annecy-St-Julien. (Dans les conditions de l'article 36 de la loi du 11 juin 1880).

Mais le 3 juillet 1888, le Ministre des Travaux publics fit connaitre au Préfet de la Haute-Savoie que, par décision du Ministère de l'Intérieur communiquée au Conseil des Ponts et Chaussées, la situation financière du département ne permettait pas d'autoriser ce département à subventionner les diverses lignes de tramways demandées.

Ce n'est donc pas le Conseil général qui a refusé de subventionner la ligne de Thônes. La garantie d'intérêts n'a même pas été demandée par les demandeurs en concession, et il y a bien d'autres tramways qui sont dans le même cas, notamment ceux construits ou à construire dans les arrondissements de Saint-Julien et de Thonon.

Mais il a fallu rectifier le chemin d'intérêt commun n° 2 pour y asseoir le tramway de Thônes, et les *Zoniens* du Conseil

(1) Pour être juste, il faut rappeler que la route de la vallée du Giffre (actuellement route départementale n° 10), sur laquelle a été établi le tramway d'Annemasse à Samoëns, a été construite sous le régime sarde, aux frais d'un *consortium* des communes, et qu'elle n'a rien coûté au département. Et quel rapport y a-t-il entre la Zone franche et cette question locale ?

général se sont empressés de voter 62.000 francs pour cette rectification. Est ce là de l'oppression ?

L'inanité des griefs supposés de l'arrondissement d'Annecy contre la Zone franche est donc bien démontrée.

Les doléances de l'arrondissement d'Annecy sont d'autant moins justifiées que nous avons vu, dans des circonstances récentes, les représentants de l'arrondissement d'Annecy se trouver parfaitement d'accord avec un certain nombre de conseillers de la Zone, pour majorer, dans la répartition de certaines contributions directes, la part contributive d'autres arrondissements de la Zone.

Ceux donc qui prétendent que l'arrondissement d'Annecy est sous la dépendance des trois autres, soit pour la répartition des subventions, soit pour les élections sénatoriales, oublient que chacun des autres arrondissements serait absolument fondé à en dire autant.

Ils oublient aussi que c'est précisément l'accord entre toutes les parties du département, accord fondé sur la notion de l'équité et assuré par des concessions réciproques, qui fait la bonne administration et aussi la bonne politique.

C'est au contraire faire œuvre malsaine et mauvaise que de se servir de l'esprit de clocher pour attiser des animosités, des rancunes et des espérances qui ne reposent que sur des chimères.

VII

Conclusion

Le malaise dont se plaint l'arrondissement d'Annecy est la conséquence du système protectionniste établi depuis une dizaine d'années, et contre lequel nous avons constamment voté à la Chambre des députés.

La Zone franche n'y est pour rien.

Ce ne sont pas les attaques contre la Zone franche qui aplaniront les difficultés nées du protectionnisme : elles les aggraveront au contraire.

On excite l'envie des populations de l'intérieur en dénonçant des « privilèges exorbitants », mais on se garde bien de leur dire la vérité, à savoir que la Zone franche consiste, non pas dans un régime *privilégié*, mais dans un régime *spécial*, qui a ses avantages, sans doute, mais qui a aussi ses charges, résultant de nombreuses formalités douanières, de frais accessoires perçus à l'importation et à l'exportation par les chemins de fer, sous forme de *droits de présentation en douane*, et d'autres entraves de toutes sortes, conséquences du système protectionniste encore en vigueur. N'était-ce pas, d'ailleurs, le tableau de ces charges et de ces frais, que nous venons d'énumérer, qui constituait l'argument mis en avant par les bourgeois d'Annecy en 1860 pour détourner leurs concitoyens de voter *oui et Zone !*

Et dans cette campagne contre les trois arrondissements de la Zone franche, on va recruter des auxiliaires dans une presse qui devrait être compétente, qui ne l'est pas, et qui débite des énormités et des insanités contre notre pays.

C'est là, économiquement et politiquement, de la détestable besogne. Que nos compatriotes d'Annecy le comprennent : les mauvaises querelles que l'on cherche à la Zone franche ne peuvent avoir que des conséquences funestes, surtout pour l'arrondissement d'Annecy.

Quant au système qui consiste à dénoncer les habitants de la Zone comme de mauvais Français, qui refusent de supporter leur part des charges publiques, nous protestons hautement contre une imputation aussi injurieuse. Quoi ! parce que nous vivons sous un régime économique spécial, nous manquons de patriotisme, nous sommes *helvétisés!* Mais nos concitoyens de la Zone franche n'ont-ils pas, en toutes circonstances, prouvé leur attachement à la France? Ne l'ont-ils pas prouvé en 1870, alors qu'ils se rendaient en masse à l'appel de la patrie, *et sans un réfractaire*, ainsi que l'a constaté Gambetta? Et pourtant, la plupart de nos contingents se rendant sous les drapeaux, durent traverser le territoire suisse, car à cette époque la gare de Genève était la seule qui desservit les trois arrondissements de la Zone, et cela, par la faute des bourgeois d'Annecy qui n'avaient pas craint, en 1868, de s'unir aux Genevois, pour empêcher la construction de la ligne de Bellegarde à Thonon, destinée à nous relier directement avec l'intérieur de la France! Nos *Zoniens*, obligés de traverser la Suisse pour se rendre à l'appel de la patrie, ne se sont pas arrêtés à Genève, où ils pouvaient cependant coudoyer la foule des *francs fileurs*, venus de l'intérieur de la France, et qui encombraient les rues de Genève, pour échapper au service militaire!

Et les bourgeois d'Annecy peuvent en être certains, si la France avait de nouveau besoin de ses enfants, les habitants de la Zone franche prouveraient encore que leur patriotisme est à la hauteur des circonstances! S'ils sont fermement décidés à faire respecter leurs droits, ils sont non moins résolus à remplir tous leurs devoirs.

Errata

Page 15, dernier paragraphe. Après : « M. Jules Domergue... n'hésite pas à demander la suppression de la Zone franche ».

A ce paragraphe, ajouter : (Dans la *Réforme Economique* du 7 septembre 1902).

Page 18, dernier paragraphe. Après : « De concert avec l'honorable docteur Thonion, député d'Annecy, les représentants de la Zone n'ont cessé de signaler, avant les élections de 1898, les fraudes qui se pratiquaient par cette frontière ouverte, et de réclamer le vote du projet de loi qui était d'une extrême urgence ».

A ce paragraphe, ajouter la note suivante : Le Directeur général des Douanes a constaté le fait à la tribune de la Chambre des Députés.

Thonon-les-Bains. — Imp. Raffin et Cie.

www.ingramcontent.com/pod-product-compliance
Lightning Source LLC
LaVergne TN
LVHW020308230826
846091LV00006B/2587

9782013284592